AF509895

OLIMPIE,

TRAGÉDIE LYRIQUE

EN TROIS ACTES,

Poëme du C^{en} GUILLARD, Musique du C^{en} KALKBRENNER;

Représentée pour la première fois, à Paris, sur le Théâtre de la République et des Arts, le 18 frimaire an 7.

Prix : un franc cinq décimes.

On trouvera des exemplaires au Théâtre de la République et des Arts, et chez ROULLET, Libraire de ce Théâtre, rue des Poitevins, n°. 6.

A PARIS,

DE L'IMPRIMERIE DE CHARLES HOUEL.

AN VII.

ACTEURS ET ACTRICES CHANTANS.

Les Citoyennes.	Les Citoyens.	Les Citoyennes.	Les Citoyens.
Aubry.	Moreau.	Gambais.	L'Hoste.
Dubois.	Devilliers.	Launer.	Lecocq,
Duchamp.	Leroy.	Macker.	Putheau.
Himm.	Duret.	Mullot.	Gonthier.
Bozon.	Hauchée.	Vadé.	Varlet.
Royer.	Aubé.	Duchêne.	Deville.
Vaillant.	Delboy.	Petit.	Tacusset.
Flovigny.	Duchamp.	Lemoine.	Leroux.
Chevrier.	Briel.	Delboy.	Chevrier.
	Cholet.	Pioche.	Leroux 3ᵉ.
	Leroy.		Nocan.
			Beaugrand.
			Bertet.

PERSONNAGES DANSANS.

PERSANS.

Le Cᵉⁿ VESTRIS.

Les Cᵉⁿⁿᵉˢ GARDEL, CHEVIGNY, SAULNIER.

Les Cᵉⁿˢ Simonet, Le Bel, Borda, Deschamps, Cantagrel, L'Huillier.

Les Cᵉⁿⁿᵉˢ Félicité, Courtois, Saint-Léger, Léon, Deniavircel, Hortence.

GRECS.

Le Cᵉⁿ BEAULIEU.

Les Cᵉⁿⁿᵉˢ CLOTILDE, PÉRIGNON, COLLOMB, VESTRIS.

Les Cᵉⁿˢ Delahaye, Béguin, Casimo, Boyon, Verneuil, Courtois.

Les Cᵉⁿⁿᵉˢ Etienne, Barré, Bourgeois l'ainée, Dufresne, Gauthier, Buisson.

ÉGYPTIENS.

Le Cᵉⁿ SAINT-AMAND. La Cᵉⁿⁿᵉ DELILLE.

PRÊTRES.

Les Cᵉⁿˢ Ernatonne, Léon, Batiste, Toussaint, Romain, Henry.

Les Cᵉⁿⁿᵉˢ Adèle, Jeannette, Delphine, Lolotte, Billet, Eulalie.

<table>
<tr><td>

PERSONNAGES.

CASSANDRE, fils d'Antipâtre, roi de Macédoine,
ANTIGONE, roi d'une partie de l'Asie;
STATIRA, veuve d'Alexandre,
OLIMPIE, fille d'Alexandre et de Statira,
L'HIÉROPHANTE, ou grand-prêtre qui préside aux mystères,
SOSTHENE, officier de Cassandre;
HERMAS, officier d'Antigone;
UN PRÊTRE,
L'ORACLE,
UNE VOIX,
UN MINISTRE inférieur.
PRÊTRES.
INITIÉS.
PRÊTRESSES.
SOLDATS.
PEUPLE.

</td><td>

ACTEURS.

C^{en} LAINEZ.
C^{en} ADRIEN.
C^{ne} MAILLARD.
C^{ne} CHÉRON.
C^{en} DUFRESNE.
C^{en} BERTIN.
C^{en} LEFEVRE.
C^{en} L'HOSTE.

C^{en}. DUVILLIERS.

</td></tr>
</table>

La Scène est à Ephèse, ville d'Ionie, dans l'Asie mineure, tour à tour devant le péristile et dans l'intérieur du temple.

OLIMPIE.

ACTE PREMIER.

Le théâtre représente un temple, dont les trois portes fermées sont ornées de vastes pilastres. Les deux ailes forment un vaste péristile.

SCENE PREMIERE.

CASSANDRE, SOSTHENE.

SOSTHENE.

Quoi! lorsqu'à l'univers ce jour, donnant la paix,
D'Antigone et de vous unit les intérêts,
Quand de l'Asie enfin vous partagez l'empire,
Une esclave est l'objet où votre cœur aspire?

CASSANDRE.

Une esclave!... Ah! Sosthène, en formant ce lien
Dont ton cœur aujourd'hui s'étonne,

Quand j'élève Olimpie au trône,
Mon amour n'est que juste et ne lui donne rien.

SOSTHENE.

Quoi ! seigneur ?...

CASSANDRE.

     Je ne puis t'en dire davantage.
Aux pieds de ces autels le remords me conduit.
Puissent les dieux, touchés de mon hommage,
Rendre à mon cœur le repos qui le fuit,
Et sur-tout appaiser les mânes d'Alexandre !

SOSTHENE.

Seigneur, je ne vous puis comprendre ;
Quel est donc ce remords qui trouble votre sein ?
Votre père toujours vous cacha son dessein ;
S'il se servit de vous, de ce grand sacrifice
Vous fûtes l'instrument, mais non pas le complice.

CASSANDRE.

Il est vrai : mais sa veuve a péri par ma main.

SOSTHENE.

Et vous pourriez vous imputer encore
Ce meurtre heureux ou malheureux
Que produisit l'horreur d'un combat ténébreux !
Est-on coupable enfin d'un crime qu'on ignore ?

CASSANDRE.

O justice des dieux !
Quand je pourrais trouver grace à vos yeux,
Comment espérer qu'Olimpie.....

S O S T H E N E.

Quoi! seigneur, Olimpie!....

C A S S A N D R E.

Aux pieds de ces autels,
Hélas! son innocence expie
Des crimes qu'elle ignore et qui sont trop réels.
Vertueuse et tendre Olimpie ,
Conserve à jamais ton erreur :
Des dieux tu dois être chérie ,
Appaise-les en ma faveur.
Dans Cassandre ton jeune cœur
Adore un bienfaiteur, un maître ;
Si tu venais à me connaître ,
Hélas! je te ferais horreur.

S O S T H E N E.

Je ne dois point entrer dans vos secrets augustes ;
Mais, si des intérêts plus justes
Peuvent dans ce moment occuper votre cœur ,
Songez que sur vous seul, Seigneur ,
De nos Grecs désolés tout l'intérêt se fonde ;
Qu'Antigone avec vous s'unissant aujourd'hui,
Vous partagerez avec lui
Le sceptre de l'Asie et l'empire du monde.
La paix et le bonheur rendus à l'univers,
Voilà ce que promet cette grande alliance.
Mais du temple déjà les parvis sont ouverts ,
A la tête des siens Antigone s'avance.

SCENE II.

ANTIGONE, HERMAS, CASSANDRE, SOSTHENE.

Les troupes d'Antigone le suivent et se placent du côté droit de la scène : celles de Cassandre entrent et se placent du côté opposé.

ANTIGONE.

Enfin cet heureux jour voit finir nos débats,
    Et les dieux, qui vont nous entendre,
Nous désignant tous deux successeurs d'Alexandre,
Vont réunir nos cœurs, ainsi que nos états.

CASSANDRE.

Antigone, en tout temps, peut compter sur Cassandre.
    Peuples, guerriers, dans Éphèse assemblés,
Qu'à nos justes desirs votre zèle réponde;
Que ces momens de paix ne soient jamais troublés:
    Notre union fait le bonheur du monde.

ANTIGONE et CASSANDRE.

Dieux, vengeurs du parjure, écoutez nos sermens:
La paix entre nous deux devant vous est jurée.
    Punissez-nous si quelques différens
      En troublent jamais la durée !
    Grands dieux ! soyez de cette paix sacrée
      Et les témoins et les garans.

LE PEUPLE.

Grands dieux ! soyez, etc.

*(Le peuple et les guerriers se retirent après ce serment,
à l'exception de quelques officiers des deux rois, qui
sont censés devoir les accompagner.)*

SCÈNE III.

CASSANDRE, ANTIGONE, Suite.

CASSANDRE.

Aujourd'hui que l'amitié sainte

Avec nos cœurs confond nos intérêts,

Vous pourriez m'accuser de feinte

Si je gardais pour vous encor quelques secrets.

Depuis long-temps j'idolâtre Olimpie :

Ce jour même à mon sort elle doit être unie.

Ami, partagez mon bonheur.

ANTIGONE, *très-froidement.*

Un tel hymen peut flatter votre cœur ;

Mais le choix, entre nous, aura lieu de surprendre.

CASSANDRE.

Comment ?

ANTIGONE.

S'il faut m'expliquer sans détour,

On soupçonnera que Cassandre,

En plaçant une esclave au trône d'Alexandre,

Peut-être a des raisons plus fortes que l'amour.

CASSANDRE, *à part.*

O ciel ! aurait-il pu comprendre....

(Haut.)

J'ignore les raisons qu'on pourra m'imputer ;
En est-il sur l'amour qui puissent l'emporter ?

(Il sort avec sa suite , et on entre dans le temple.)

SCENE IV.

ANTIGONE, HERMAS, Suite.

ANTIGONE, *à part les deux premiers vers.*

Non, d'un tel choix Cassandre est incapable,
Et mon juste soupçon est trop bien appuyé.
     (Aux siens.)
Amis, ou je me trompe, ou la haine implacable
Va succéder bientôt à la faible amitié.

HERMAS.

Seigneur, ce changement m'étonne,
Que Cassandre aujourd'hui déshonore à la fois
Et le sang dont il sort et la pourpre des rois ;
     Il peut affliger Antigone,
Mais ne l'offense pas.

ANTIGONE.

         Et tu pourrais penser
Que l'amour à ce point aurait pu l'abaisser ?
     Depuis long-temps j'ai trop su le connaître.
Mes yeux d'un faux dehors ne sont point éblouis.
Pour s'unir à l'objet dont il feint d'être épris,
Il a d'autres motifs, plus importans peut-être.

HERMAS.

Quoi! vous soupçonneriez....

ANTIGONE.

Je ne m'explique pas;
Mais cette esclave m'est suspecte.
Sans doute elle est d'un rang que lui-même il respecte.
S'il n'eût été touché que de ses seuls appas,
Aussi long-temps il n'eût pas su le taire.
Va, cet hymen couvre un mystère
Que malgré lui je saurai découvrir.
Mais le temple vient de s'ouvrir,
Olimpie à l'autel arrive avec Cassandre.

SCENE V.

Les trois portes du temple sont ouvertes. On découvre tout l'intérieur. Les prêtres d'un côté et les prêtresses de l'autre s'avancent lentement. Ils sont tous vêtus de robes blanches, avec des ceintures dont les bouts pendent à terre. Cassandre et Olimpie mettent la main sur l'autel. Antigone et sa suite restent dans le péristile.

CHOEUR DES PRÊTRES ET DES PRÊTRESSES.

PROTECTEURS de l'hymen, puissiez-vous nous entendre!
Veillez sur ces jeunes époux :
Grands dieux! que vos faveurs sur eux daignent s'étendre,
Et bénissez des nœuds si doux.

(Cassandre met sa main dans celle d'Olimpie; le grand.
prêtre les bénit.)

A N T I G O N E, *à part.*

De mes transports j'ai peine à me défendre ;
Leur odieux aspect redouble mon courroux.

(Les prêtres et les prêtresses reprennent.)

Protecteurs de l'hymen , etc.

(Cassandre et Olimpie rentrent avec les prêtres et les
prêtresses dans l'intérieur du temple; les portes se
referment.)

SCENE VI.

ANTIGONE, HERMAS, Suite.

A N T I G O N E.

Il a cru me tromper; mais , malgré sa prudence,
Croyez-moi, son bonheur n'est pas encor certain.

H E R M A S.

Quel succès espérer ?

A N T I G O N E.

Quel que soit mon dessein,
Puis-je compter sur vous pour servir ma vengeance?

S U I T E.

Ce doute est un affront pour nous.
Faut-il punir un rival téméraire ?
Faut-il encor ensanglanter la terre ?
Nos cœurs et nos bras sont à vous.

A N T I G O N E.

Il suffit, mes amis, et ma vengeance est sûre.

Nous aurons, pour servir notre commune injure,

Le peuple, les guerriers, et les lois et les dieux.

Périsse ce temple odieux,

Témoin d'un hymen qui m'outrage!

Détruisons, renversons ces lieux;

Servez et secondez ma rage :

Arrosons ces asyles saints,

« Moins du sang des taureaux que du sang des humains ».

L A S U I T E.

Arrosons, etc.

Fin du premier Acte,

ACTE SECOND.

Le théâtre représente une partie intérieure du temple.

SCENE PREMIERE.

L'HIÉROPHANTE, STATIRA, sous le nom D'ARSANE, PRÊTRES ET PRÊTRESSES.

La statue de la déesse doit-être un peu de côté : les prê- tres et les prêtresses sont courbés devant elle. L'Hié- rophante est debout.

L' H I É R O P H A N T E.

H Y M N E.

O TOI, qu'en ce temple on révère,
Chaste Diane ! entends nôs voix :
Au ciel, aux enfers, sur la terre,
Par-tout on reconnaît tes lois.

(Les prêtres inférieurs et les prêtresses répètent les deux derniers vers.)

Au ciel, aux enfers, etc.

L' H I É R O P H A N T E.
Un des plus grands rois de la Grèce
T'offre par nous ses humbles vœux :

Diane, nomme la prêtresse
Qui doit de son hymen resserrer les beaux nœuds.

UNE VOIX, *derrière l'autel.*

Arsane.

STATIRA, *à part.*

Que viens-je d'entendre ?

L'HIÉROPHANTE, *à Statira.*

Vos mains présenteront Olimpie à Cassandre.

STATIRA.

Cassandre ! seigneur ?

L'HIÉROPHANTE.

Oui ; d'où naissent ces regrets ?
Résistez-vous au choix dont le ciel vous honore ?

STATIRA.

Cassandre. (*A part*) A le revoir suis-je réduite encore ?
Quoi ! seigneur, quoi ! le ciel pardonne à ses forfaits ?

L'HIÉROPHANTE.

Et sa clémence vous étonne !
A quel saisissement votre ame s'abandonne !
    Hélas ! la faiblesse et l'erreur,
    Des mortels voilà le partage ;
    C'est la bonté qui nous soulage ;
Elle est du ciel un don consolateur.

STATIRA.

Seigneur, je me soumets.... Si vous pouviez connaître...
Ne puis-je devant vous, avec sincérité,
Sur des faits importans parler en liberté ?

L' H I É R O P H A N T E , *à sa suite.*

Laissez-nous.

(*Ils sortent tous.*)

S T A T I R A .

Mes secrets vous surprendront peut-être.

SCENE II.

STATIRA, L'HIÉROPHANTE.

L' H I É R O P H A N T E .

D'où naissent vos troubles cruels ?
Je vous ai vu frémir au seul nom de Cassandre !
Tranquille , ainsi que nous, à l'ombre des autels ,
Aux vains débats des rois , aux erreurs des mortels ,
Quel intérêt pouvez-vous prendre ?

S T A T I R A .

Je le sais trop , seigneur , mon ame a dû bannir
D'un monde que j'ai fui l'importun souvenir ;
Mais de mon trouble enfin sachez quelle est la cause ,
Et voyez la rigueur de la loi qu'on m'impose.
Ce coupable insolent que ma main doit bénir ,
Qui méprise nos dieux , et feint de les fléchir ,
Qui souille les autels de sa présence impure ,
Digne fils d'Antipatre , aux crimes destiné ,
Des forfaits de son père a comblé la mesure :
Par ses mains Alexandre est mort empoisonné.

L' H I É R O P H A N T E.

O dieux !

S T A T I R A.

Plus endurci par ce grand parricide ,
Etouffant dans son cœur tout sentiment humain ,
    N'ayant que sa fureur pour guide ,
Dans le sang de sa veuve il a trempé sa main.

L' H I É R O P H A N T E.

Ciel ! que m'apprenez-vous ?

S T A T I R A.

        Ce n'est pas tout encore :
Apprenez des secrets que l'univers ignore.
Cette femme élevée à ce rang glorieux ,
Qui vit de son pouvoir le monde entier dépendre ,
Fille de Darius et veuve d'Alexandre ;
Seigneur , elle vous parle , elle est devant vos yeux.

L' H I É R O P H A N T E.

Vous , Statira ! Ciel ! que viens-je d'entendre ?
O sang de Darius ! ô veuve de mon roi !

S T A T I R A.

    Dans mon humble fortune ,
Ces vains titres , seigneur , ne sont plus faits pour moi.
J'ai banni dès long-temps leur idée importune.
    De tous les biens qu'on a pu me ravir ,
    Il n'en est qu'un que mon ame regrette ;
    Ah ! ce fatal et tendre souvenir
        Me poursuit jusqu'en ma retraite.

Une fille , un enfant , pour surcroît de mes maux ,
A mes bras tout sanglans , seigneur , fut arrachée ;
    Je l'ai long-temps , mais vainement cherchée :
Peut-être elle est tombée aux mains de nos bourreaux :
Les dieux m'ont tout ravi !

L' H I É R O P H A N T E.

        Que leur appui vous reste !

S T A T I R A.

Aux pieds de leurs autels j'ai cru trouver la paix.
    Aurois-je pu penser jamais
Qu'ils dussent m'imposer un devoir si funeste ,
Qu'il me faudroit un jour bénir mon assassin ?

L' H I É R O P H A N T E.

Je sens trop ce que coûte un si grand sacrifice ;
Mais , si le ciel l'ordonne , il faut qu'il s'accomplisse.
O reine ! croyez-moi , sa voix n'a pas en vain
    Dicté ce choix qui vous étonne :
Hélas ! et pouvons-nous connoître ses desseins ?
Est-ce à nous de percer dans le cœur des humains ?
Craignons de condamner , quand peut-être il pardonne.

S T A T I R A.

Seigneur , c'en est assez : à vous je m'abandonne.
Vous pouvez amener la princesse en ces lieux.

                (*Il sort.*)

SCENE III.

STATIRA, *seule.*

Allons, soumettons-nous aux volontés des dieux.
O mânes sacrés d'Alexandre,
Vous qu'on m'ordonne de trahir,
A mon cœur incertain daignez vous faire entendre ;
Est-ce à vous , est-ce aux dieux que je dois obéir ?
Cassandre jusqu'ici vient me poursuivre encore,
Dans ces tombeaux sacrés où j'ai su m'enterrer.
Grande ombre d'un époux, demi-dieu que j'implore,
Dirige mon esprit , et daigne l'éclairer.

SCENE IV.

L'HIÉROPHANTE, OLIMPIE, STATIRA.

L'HIÉROPHANTE, *à Olimpie.*

Vous voyez la prêtresse
Qui doit à votre époux vous présenter ici.

STATIRA, *à part, et regardant Olimpie.*

O ciel ! à son aspect mon cœur a tressailli ;
La douceur de ses traits, sa grace, sa jeunesse ,
Par un charme inconnu m'entraînent malgré moi.

(*L'Hiérophante se retire.*)

Approchez-vous , princesse , et soyez sans effroi.

Répondez : dans quels lieux avez-vous reçu l'être ?
Quel est votre destin ? quel sang vous a fait naître ?

O L I M P I E.

Je ne le sus jamais.
Sans parens , sans patrie, esclave dès l'enfance ,
J'ignore jusqu'à ma naissance.

S T A T I R A.

Vous, esclave ! Dans tous vos traits
Les dieux ont placé la noblesse.

O L I M P I E.

Je n'ai point mérité la suprême grandeur
Que de Cassandre ici vient m'offrir la tendresse.
Il daigna de mon sort adoucir la rigueur ;
Il guida mon enfance , il me tint lieu de père.
Moins ses dons me sont dus, plus sa bonté m'est chère,
Et ma reconnaissance est mon plus grand bonheur,

S T A T I R A.

(*A part.*)
De mon trouble secret j'ai peine à me défendre.
(*Haut.*)
Le son de votre voix , ces charmes si touchans.....
Répondez-moi : savez-vous dans quel temps
Le sort vous fit tomber dans les mains de Cassandre?

O L I M P I E.

On dit que le grand Alexandre
Vit terminer alors ses destins glorieux ;
C'est tout ce que j'ai su.

S t a t i r a.

Vous a-t-on dit les lieux
Où l'on vous rencontra ?

O l i m p i e.

Ce fut à Babylone.

S t a t i r a.

O ciel !

O l i m p i e.

Vous frémissez ! et mon cœur qui s'étonne.....

S t a t i r a.

Captive à Babylone !.... Arbitres de mon sort ,
O dieux ! n'abusez pas une ame trop sensible !
Je n'ose en croire trop un séduisant rapport.....
L'âge, le temps, les lieux..... Seroit-il bien possible?...
Ah ! princesse , parlez..... répondez..... n'avez-vous
Aucun souvenir d'une mère ?

O l i m p i e

Devant vos yeux mon ame s'ouvre entière.
Hélas ! ce sentiment m'auroit été si doux !
Les dieux savent combien elle m'eût été chère !
Eh quoi ! vous gémissez... vous tremblez, et vos yeux
Semblent sur moi ne s'arrêter qu'à peine :
Le trouble de votre ame a passé dans la mienne.
Ah ! daignez le calmer , prêtresse ; au nom des dieux ,
Expliquez-vous, parlez ; il y va de ma vie.

S t a t i r a.

Je ne puis... je succombe... ô ma chère Olimpie !...

O l i m p i e.

Parlez.....   3

SCENE V.

STATIRA, OLIMPIE, L'HIÉROPHANTE.

L'HIÉROPHANTE.

O REINE des humains !
Cet objet que l'hymen vient d'unir à Cassandre ,
Qui lui doit être offert par vos augustes mains.....

STATIRA.

Achevez..... Olimpie ?

L'HIÉROPHANTE.

Est fille d'Alexandre.

STATIRA, *se jetant dans les bras d'Olimpie.*
Ah ! mon cœur avant vous me l'avoit fait entendre !
Olimpie ! ô ma fille ! ô moment plein d'appas !
Je puis donc te revoir , te serrer dans mes bras !

OLIMPIE.

Tel seroit mon bonheur ! quoi ! vous êtes ma mère ?

L'HIÉROPHANTE.

Votre sort n'est plus un mystère ;
Le peuple en est instruit : Antigone en tous lieux
Publie à haute voix votre illustre naissance :
Cassandre , enfin forcé de rompre le silence ,
Vient de l'attester à mes yeux.

STATIRA.

O jour cher à mon cœur autant qu'il est affreux !

Quoi ! je verrai mon sang, la fille d'Alexandre
Passer entre les bras du barbare Cassandre ?
Les dieux consentiroient à ces horribles nœuds !

OLIMPIE.

O ciel ! Quoi ! cet hymen ?.....

STATIRA.

                        Est impie, exécrable.
        Sais-tu que ce hardi coupable,
Qui se pare à tes yeux d'une fausse candeur
Pour mieux se prévaloir d'un indigne hyménée,
Des maux de ta famille est le premier auteur ?
Sais-tu que de ton père il est l'empoisonneur ?
        Sais-tu que sa main forcenée
De ta mère éperdue osa percer le flanc ?.....
Mais je te vois frémir aux attentats d'un traître ;
Tu ne trahiras pas le sang qui t'a fait naître :
Je retrouve ma fille, et reconnais mon sang.
O ma chère Olimpie !..... Ecoutez-moi, grand-prêtre :
        Olimpie a promis sa foi ;
De son indigne époux vous connaissez les crimes :
Les dieux permettraient-ils ces nœuds illégitimes ?
        Répondez ?

L'HIÉROPHANTE.

            Par la loi
De son sort, tout le jour, Olimpie est maîtresse ;
Elle peut révoquer les sermens qu'elle a faits,
Pourvu que d'autres nœuds dégagent sa promesse ;
De son époux aussi quels que soient les forfaits,
Elle peut pardonner.

OLIMPIE,

STATIRA.

Elle en est incapable.
O dieux ! un tel oubli serait trop condamnable.

SCENE VI.

UN PRÊTRE inférieur. Les précédens.

LE PRÊTRE inférieur, *à l'Hiérophante.*

CASSANDRE, par nos mains enfin purifié,
Attend qu'à son épouse Arsane le présente.

OLIMPIE, *à part.*

De mon trouble mortel, ô dieux ! ayez pitié.

STATIRA.

Oui, je vais remplir son attente;
Il peut entrer. (*Au grand-prêtre.*) De grace, laissez-nous.
(*Elle baisse son voile.*)

SCENE VII.

STATIRA, OLIMPIE, CASSANDRE.

CASSANDRE.

ENFIN, belle Olimpie, en ces momens si doux,
Le ciel qui me rend à vos charmes....

OLIMPIE, *se jetant dans les bras de sa mère.*

Ah ! barbare !

CASSANDRE.

Grands dieux ! d'où vous vient cet effroi ?
Qui donc vous accompagne et vous baigne de larmes ?
Vous me faites frémir !

STATIRA, *se dévoilant.*

Regarde, et connais-moi.

CASSANDRE.

O ciel ! qui vois-je ici paraître ?
Statira !

STATIRA.

Reconnais la veuve de ton maître,
La mère d'Olimpie.

CASSANDRE.

O dieux ! ô justes dieux !

STATIRA.

Mon aspect, je le vois, te fait baisser les yeux.
Dans mon sang ta rage assouvie
Sans doute espérait peu me revoir en ces lieux ;
Mais le ciel, malgré toi, m'a conservé la vie,
Pour préserver mon sang d'un hymen odieux,
Pour arracher ma fille à ton audace impie.
Malheureux ! quel était ton horrible dessein ?
As-tu prétendu qu'Olimpie
De sa famille entière épousât l'assassin ?

CASSANDRE.

Vous m'avez confondu, je l'avoue, et la foudre,
En tombant à mes pieds, m'eût causé moins d'effroi.

Je sais tous mes forfaits; et je sens, malgré moi,
Qu'à vos yeux aujourd'hui rien ne pourra m'absoudre.
    J'ose pourtant, j'ose attester les dieux
Que mon cœur n'entra point dans le complot affreux
Qui trancha les destins du héros de l'Asie;
Que si de votre sang cette main s'est rougie,
      Ce fut dans l'horreur des combats,
Aveuglé par le sort qui seul guida mon bras.
Je dirai plus encor. Depuis ce jour funeste,
J'ai déploré quinze ans ma détestable erreur,
Et j'aurais terminé des jours que je déteste,
      Sans le sentiment enchanteur
      Qui seul m'attachait à la vie :
J'ai cru réparer tout en servant Olimpie.
    Avec respect j'ai conservé du moins
    Ce qui restait de vous et d'Alexandre :
    A l'élever j'apportai tous les soins
      Que vous-même en eussiez pu prendre.
      Oui, j'ose croire que les dieux,
      Touchés d'un repentir si juste,
Vous ont conduite exprès dans cet asyle auguste,
Pour bénir un hymen autorisé par eux.

STATIRA.

Et tu peux t'en flatter !... Olimpie!... ô ma fille!
Voudrais-tu que ma main te livrât en ce jour
      Au meurtrier de ta famille ?

OLIMPIE.

Non, ma mère, étouffez un téméraire amour,

Auprès de vous, dans cet obscur asyle ,
Laissez-moi, loin de lui , vivre et mourir tranquille.

STATIRA.

Ah ! je te reconnais à ce noble dessein.
        O fille digne d'Alexandre !
Ta vertu me console... Et toi , monstre inhumain ,
Ton audace en ces lieux n'a plus rien à prétendre ;
Sors d'un asyle saint que souillent tes forfaits.
Soldat de mon époux, apprends à te connaître ,
Renferme dans ton cœur tes insolens projets ,
Et respecte du moins la fille de ton maître.

CASSANDRE.

Eh bien ! si mes respects, mes remords, ma douleur,
Ne peuvent aujourd'hui fléchir votre colère ;
Avant de m'enlever une épouse si chère ,
Il faudra de vos mains me déchirer le cœur.
        Craignez mon désespoir extrême ;
Vos prêtres vainement feraient parler leurs dieux ,
Je ne connais plus rien ; et mon bras furieux
Ira sur leurs autels leur ravir ce que j'aime.
        Tout est possible à l'amour en fureur.
        Ces lieux pour moi n'ont plus de privilège ;
        Je vais en faire un théâtre d'horreur,
« Si je fus meurtrier , je serai sacrilège. »
        Je brave et défie à la fois
Vos prêtres , vos autels, et vos dieux et vos lois.
                        (*Il sort.*)

SCENE VIII.

STATIRA, OLIMPIE.

STATIRA.

QUEL moment! quel blasphême! hélas!
Quels abymes nouveaux sont ouverts sous nos pas!

SCENE IX.

ANTIGONE, STATIRA, OLIMPIE.

ANTIGONE.

REINE, daignez m'entendre.
Permettez que mon bras vous offre ses secours,
La veuve du grand Alexandre
Ne doit plus en ces lieux ensevelir ses jours.
L'univers vous appelle et sa voix vous implore;
Le peuple est indigné qu'un jeune audacieux,
Du sang d'un demi-dieu, quand sa main fume encore,
Ait jusqu'à votre fille osé lever les yeux.
De vos ordres sacrés, reine, daignez m'instruire;
Mes soldats sont tout prêts.

STATIRA.

O justice des dieux!
Oui, c'est le ciel, seigneur, qui vous inspire,

ANTIGONE.

Je défends en ce jour et nos lois et nos dieux.

OLIMPIE, *à part.*

Des maux que je prévois, délivrez-moi, grands dieux !

STATIRA, *à Antigone.*

C'est à vous seul de la défendre.

Vengez-la, vengez-moi du barbare Cassandre.

ANTIGONE.

Ses projets seront confondus.

Pour vous servir, je vais tout entreprendre.

OLIMPIE.

Mes vains soupirs ne sont point entendus !

Ciel ! que veut-il ? qu'ose-t-il entreprendre ?

STATIRA.

O doux espoir ! tu me luis donc enfin.

Oui, vous remplirez ma vengeance ;

Votre valeur m'en donne l'assurance :

Pour prix de vos efforts, je vous offre sa main.

ANTIGONE.

O jour de gloire ! ô trop heureux destin !

Je vais servir la plus juste vengeance ;

L'amour m'en donne l'assurance :

Avec un tel espoir, mon succès est certain.

OLIMPIE.

O jour d'horreur ! ô funeste destin !

Devoir cruel ! implacable vengeance !

Il n'est pour moi plus d'espérance ;

De tout côté mon malheur est certain.

Fin du second Acte.

ACTE TROISIEME.

SCENE PREMIERE.

ANTIGONE, HERMAS.

ANTIGONE.

Oui, le succès, Hermas, a comblé mon espoir;
Justement indignée au seul nom de Cassandre,
La fière Statira, croyant tout me devoir,
M'a nommé son vengeur, et m'a choisi pour gendre.

HERMAS.

Seigneur, mais ne craignez-vous pas
De Cassandre outragé les violens éclats?
Son parti trop puissant....

ANTIGONE.

N'a plus rien à prétendre.
L'aveu de Statira, le grand nom d'Alexandre,
De mon rival altier les projets impuissans,
De ses propres amis feront mes partisans.
Va, tu verras bientôt...

(*Il va pour sortir.*)

SCENE II.

CASSANDRE, ANTIGONE, SOSTHENE, HERMAS.

C A S S A N D R E, *arrêtant Antigone.*

ARRÊTE :
Infidèle allié, va, ma vengeance est prête.
Ne crois pas me cacher tes vœux ambitieux.
Tes desseins sont connus.

A N T I G O N E.
J'en fais gloire à tes yeux.
Celui qui répandit tout le sang d'Alexandre
À la main de sa fille a-t-il osé prétendre?

C A S S A N D R E.
Ce meurtre involontaire....

A N T I G O N E.
En est-il moins commis?
Le sceptre de l'Asie en sera-t-il le prix?

C A S S A N D R E.
Va, de ton lâche cœur je vois tout l'artifice.
Tu prétends vainement m'accabler d'un forfait,
Que toi-même approuvas, dont tu fus le complice;
Mon bras le commit en effet,
Mais mon cœur n'en fut point coupable.
Dès qu'il me fut connu, j'en eus moi-même horreur,
Et mes remords, du moins, ont épuré mon cœur :
Le tien n'en eut jamais, il en est incapable.

ANTIGONE.

Crois-tu par ces remords désarmer Statira?

CASSANDRE.

Penses-tu qu'à sa loi mon cœur se soumettra?

ANTIGONE.

Olimpie est sa fille, et celle d'Alexandre.

CASSANDRE.

Mais elle est aujourd'hui l'épouse de Cassandre.

ANTIGONE.

On peut briser ces nœuds.

CASSANDRE.

On l'oserait en vain.

ANTIGONE.

On l'espère pourtant.

CASSANDRE.

Cet espoir sera vain.

ANTIGONE.

Avant que le jour finisse ,
Peut-être il s'accomplira.

CASSANDRE.

Avant que le ciel punisse ,
Cassandre se vengera.

'ENSEMBLE.

ANTIGONE.	CASSANDRE.
Ta confiance sera vaine ;	Va, ton attente sera vaine ;
Rompons tous traités entre nous.	Je romps tous traités entre nous :
Antigone brave ta haine ,	Qu'ils soient remplacés par la haine.
Et ton amour et ton courroux.	Crains mon amour, crains mon courroux.

ANTIGONE.

Adieu.

CASSANDRE.

Non, perfide, demeure.
Faut-il, pour finir nos débats,
Emprunter de serviles bras?
Je veux être vengé, je veux l'être sur l'heure ;
L'oses-tu bien ?

ANTIGONE.

Mon cœur s'y prête avec transport !

CASSANDRE.

Meurs donc , ou me donne la mort.
(*Les deux rois mettent l'épée à la main.*)

SCENE III.

CASSANDRE, ANTIGONE, SOSTHENE, HERMAS,
L'HIÉROPHANTE , *sortant du temple précipitamment avec les prêtres et les initiés.*

L'HIÉROPHANTE.

ARRÊTEZ... Retenez ces fureurs sacrilèges.
Justes dieux! vos autels n'ont plus de privilèges.

Je respecte vos droits....

Mais le dieu que je sers est au-dessus des rois.

Obéissez.

CASSANDRE, *s'inclinant.*

Je cède.

ANTIGONE.

Et moi, je vous déclare

Que, tant que je vivrai, je ne souffrirai pas

Qu'on remette Olimpie aux mains de ce barbare.

CASSANDRE.

Tu te flattes en vain qu'elle passe en tes bras.

L'HIÉROPHANTE.

C'est à la fille d'Alexandre

A prononcer entre vous deux.

Quel que soit le serment qui l'enchaîne à Cassandre,

Elle peut en briser ou resserrer les nœuds ;

Mais de sa mère aussi son destin doit dépendre.

Attendez leur arrêt et modérez vos vœux,

O rois ! respectez la justice,

C'est elle qui fonde vos droits :

Devant vos volontés, s'il faut que tout fléchisse,

Pour qu'on vous obéisse,

Obéissez aux lois.

(*Il rentre avec toute sa suite.*)

ANTIGONE, *sortant.*

Eh bien ! entre nous deux que Statira décide,

SCENE IV.

CASSANDRE, SOSTHENE.

CASSANDRE.

Tu l'espères en vain , perfide ,
Tu n'accompliras pas tes indignes projets.
(*A Sosthène.*)
Que mes soldats se tiennent prêts ;
De ce temple fatal enlevons Olimpie.

SOSTHENE.

Je crains que le respect des dieux ,
Ce temple , ces autels... ....

CASSANDRE.

   Ami , sers ma furie ;
Enlevons-la , te dis-je , à ces funestes lieux :
Je n'examine rien... Que fais-je ? malheureux !
En quels nouveaux excès la passion m'entraîne !
Ah ! ce jour devoit-il éclairer des forfaits ?
Heureux de mon amour , et content de ma chaîne ,
La vertu dans mon cœur rentrait avec la paix.
  Je sentais mon ame épurée ;
  Le calme régnait dans mon cœur ;
  L'amour tendre et consolateur
  Aux remords en fermait l'entrée ;
  Le bonheur , descendu des cieux ,
  M'offrait une nouvelle vie ,

Et c'est en m'approchant des dieux
Que je m'approchais d'Olimpie.

SOSTHENE.

Seigneur, c'est elle que je voi ;
Elle embrasse un autel qu'elle baigne de larmes.

CASSANDRE.

Ah ! je les fais couler !... Sosthène , laisse-moi :
Va , fais mettre sur-tout mes soldats sous les armes.

(Sosthène sort, et Cassandre s'approche d'Olimpie.)

SCENE V.

CASSANDRE, OLIMPIE, *aux pieds*
de l'autel.

OLIMPIE, *avec effroi , pendant que Cassandre*
s'approche d'elle.

QUE vois-je ? justes dieux !

CASSANDRE.

Souffrez qu'à vos genoux....

OLIMPIE, *s'éloignant.*

Ah ! laissez-moi.

CASSANDRE.

Par grace , ô ma chère Olimpie !
D'une nouvelle horreur ne troublez point ma vie,
Et d'un regard , du moins , honorez votre époux,

O L I M P I E.

Mon époux !

C A S S A N D R E.

Je le suis , j'ose encore y prétendre.
Et nos nœuds....

O L I M P I E.

Sont rompus.

C A S S A N D R E.

Olimpie !

O L I M P I E.

Ah ! Cassandre !

C A S S A N D R E.

Ecoutez-moi , c'est tout ce que je veux.

O L I M P I E.

Et que me direz-vous ? .... Ah ! dans ce jour affreux ,
C'est un crime pour moi que d'oser vous entendre.

C A S S A N D R E.

Par le sort des combats remise entre mes mains ,
Mes soins ont-ils guidé votre première enfance ?

O L I M P I E.

Pourquoi prolongiez-vous mes funestes destins ?
Sans vous de mes malheurs aurais-je eu connoissance ?

C A S S A N D R E.

Depuis , quand l'âge en vous fit briller tant d'appas ,
Avec un saint respect fûtes-vous élevée ?

O L I M P I E.

Ces soins me furent chers : je ne m'attendais pas
Qu'à les maudire un jour le ciel m'eût réservée.

CASSANDRE.

Ce matin même encor, aux pieds de ces autels,
A mon amour constant votre foi fut promise.

OLIMPIE.

Ah ! ne me parlez plus de ces nœuds criminels ;
Le ciel les condamnoit et le devoir les brise.

CASSANDRE.

Mais me haïssez-vous ?

OLIMPIE.

Je le devrais.

CASSANDRE.

Tu le devrais !

OLIMPIE.

Hélas !

ENSEMBLE.

CASSANDRE.	OLIMPIE.
Vertu trop inhumaine !	Vertu trop inhumaine !
Devoir funeste ! inutiles regrets !	Flamme funeste ! inutiles regrets !
Le ciel en vain voudrait briser ma chaine,	Il faut briser une coupable chaîne,
L'hymen nous unit à jamais.	Le ciel nous sépare à jam

CASSANDRE.

L'amour doit l'emporter.... Ecoutez, Olimpie :
Je rappelle à vos pieds vos sermens et les miens.
La nature a ses droits ; mais l'hymen a les siens ;
Et rien ne peut briser le saint nœud qui nous lie.
Osez quitter ce temple et suivre votre époux :
Venez.

OLIMPIE.

Ciel ! que proposez-vous ?
Vous oseriez ?....

CASSANDRE.

Je fais ce que le ciel ordonne.
Il a reçu ta foi : suis l'époux qu'il te donne.

(*Il lui prend la main.*)

OLIMPIE, *la retirant avec violence.*

Fais mieux , frappe , voilà mon flanc ;
Ton bras étoit formé pour verser tout mon sang.

CASSANDRE.

Ah ! c'en est trop , cruelle ! et votre ame inhumaine ,
Sourde à tous sentimens , ne connaît que la haine.
Eh bien ! tremblez ! j'en atteste les dieux ,
Avant qu'un jour nouveau vienne éclairer ces lieux ,
Ma main sur ces autels et dans ce temple même.....

SCENE VI.

CASSANDRE, OLIMPIE, SOSTHENE,
arrivant avec précipitation.

SOSTHENE.

Ah ! seigneur , paraissez : le désordre est extrême.
Le peuple , les guerriers , tout s'arme contre vous.
Antigone , abusant du grand nom d'Alexandre ,
Les pousse à la révolte et les anime tous.
Statira l'a nommé son vengeur et son gendre.
Il sait voiler ainsi ses perfides projets ,
Et se fait des amis de vos propres sujets.
Vous n'avez qu'un moment.

CASSANDRE.

Ah ! marchons vers ce traître.

(*A Olimpie.*)

Cruelle ! ainsi vous m'abusiez !

A mon lâche rival vous me sacrifiiez !

Mais avant qu'il triomphe , avant qu'il soit le maître ,

Ce temple , ces autels , leurs débris renversés ,

Dans des fleuves de sang nageront dispersés.

(Il sort avec Sosthène.)

S C E N E   V I I.

O L I M P I E , *seule.*

Ah ! Cassandre , arrêtez … O dieux ! que va-t-il faire ?

Quel est son vain espoir ? quel sera son appui ?

Son rival réunit pour lui

Le peuple , les guerriers , et les dieux et ma mère.

A ces périls qui menacent ses jours ,

C'est moi seule , hélas ! qui l'expose.

Cassandre étoit heureux sans moi , sans mes amours.

Il périra peut-être…. et j'en serai la cause !…

Mais où s'emporte ma douleur ?

Quel sentiment encor règne au fond de mon cœur !

Est-ce à la fille d'Alexandre ,

Est-ce à moi , malheureuse ! à pleurer sur Cassandre ?

Hélas ! dans l'oubli des grandeurs ,

Je vivais heureuse et paisible :

Je voyais d'un œil insensible

Le thrône et ses charmes trompeurs.

Le sort me donne un sceptre , et mon malheur commence ;

Mon nom est un obstacle à ma félicité.

Nature, amour, devoir, droits saints de ma naissance,
Rendez-moi le repos que vous m'avez ôté !
          (*On entend un bruit lointain : Olimpie*
                écoute avec inquiétude.)
Mais quel bruit vient frapper mon oreille attentive ?
La terre tremble, hélas ! sous mes pieds incertains....
Le bruit redouble....ô ciel ! les deux rois sont aux mains.
O dieux ! tranchez mes jours et que ma mère vive !

SCENE VIII.
L'HIÉROPHANTE, OLIMPIE.
OLIMPIE.

Ah ! pontife, est-ce vous ? rassurez mes esprits.
L'HIÉROPHANTE.
Hélas ! tout est perdu : les deux rois désunis
Portent jusqu'en ces lieux leurs fureurs meurtrières ;
Ils ont forcé le temple et brisé les barrières ;
Des flots de sang humain inondent ces parvis.
          (*Le bruit de guerre continue et augmente*
                progressivement.)
UNE VOIX, *derrière le théâtre.*
Meurs, perfide.
PLUSIEURS VOIX.
Il n'est plus.
PLUSIEURS PRÉTRESSES, *traversant le théâtre dans*
le plus grand désordre.
O jour épouvantable !
OLIMPIE.
Voyez-vous ce désordre ? entendez-vous ces cris ?
Hélas ! que fait ma mère en ce trouble effroyable ?

SCENE IX.

STATIRA, LES PRÉCÉDENS.

STATIRA, *arrivant précipitamment avec quelques prétresses.*

(Olimpie se jette dans ses bras.)

MA fille, et vous, seigneur, nous n'avons plus d'espoir.
Le ciel nous trahit tous, et Cassandre est le maître.
Antigone est tombé sous les coups de ce traître :
Nous faudra-t-il enfin passer en son pouvoir !

L'HIÉROPHANTE.

Quelle ressource, hélas !

CASSANDRE, *sans être vu.*

Enlevez Olimpie.

(Plusieurs soldats paroissent dans le fond du théâtre.)

STATIRA,

J'en connais une sûre, et la voici.

(Elle tire un poignard dont elle veut se frapper.)

OLIMPIE.

Grands dieux !

CASSANDRE *arrive avec précipitation et retient le bras de Statira; sa suite l'accompagne; successivement tous les guerriers et le peuple arrivent.*

Arrêtez ! ....

STATIRA, *à Cassandre.*

Monstre ! achève et m'arrache la vie.

CASSANDRE *se jette à ses pieds et lui présente*
son sein.

Je vous livre ce cœur qui vous est odieux ;
Frappez , vengez Alexandre et vous-même.
                    (*Olimpie se jette sans connoissance*
                    entre Statira et Cassandre.)
                         STATIRA.

Ciel ! ma fille !... la mort est déjà dans ses yeux.
                    CASSANDRE.
Elle va succomber à ce désordre extrême !

    OLIMPIE, *à peine revenue à elle-même.*
Où suis-je ? ... quelle nuit vient de m'environner?
               STATIRA, *à l'Hiérophante.*
Seigneur , daignez guider une mourante mère :
          Que dois-je faire ?
                    L'HIÉROPHANTE.
                         Pardonner.
Son forfait fut affreux , mais non pas volontaire;
Et, par son repentir , s'il a fléchi les dieux ,
     Imitez-les , et pardonnez comme eux.
                    CASSANDRE.
     Pourrais-je enfin fléchir votre colère ?
                    STATIRA.
Je le vois trop , Cassandre , oui, le ciel est pour vous.
Renais au jour , ma fille , embrasse ton époux.
                    OLIMPIE.
O doux aveu , faveur inattendue ,
     Que ce jour est heureux pour moi !

C A S S A N D R E , *à Statira.*

Olimpie enfin m'est rendue,
Et c'est à vous que je la doi.

S T A T I R A , *à Cassandre.*

C'est par vous qu'elle m'est rendue ;
L'amour et le devoir vous engagent sa foi.

L'H I É R O P H A N T E .

Que la faveur du ciel, trop long-temps suspendue,
Resserre ces beaux nœuds qu'elle a formés par moi !

O L I M P I E .

O ciel ! comment te rendre grace ?
Quel bien succède à tant de maux !

C A S S A N D R E .

Ah ! ne pensons plus à nos maux.

S T A T I R A et L'H I É R O P H A N T E .

Effacez-en jusqu'à la trace :
Ils sont tous réparés dans des momens si beaux.

O L I M P I E .

Ma mère !

C A S S A N D R E .

Statira !

S T A T I R A .

Mes enfans !

L'H I É R O P H A N T E .

Jour prospère !

E N S E M B L E A V E C L E C H Œ U R .

Bénissons la bonté du ciel :
Il rend, dans ce jour solennel,
Le bonheur à la Grèce et la paix à la terre.

Fin du troisième et dernier Acte.